AF457420

RÉCITS DES GRANDS JOURS DE L'HISTOIRE

15 c^mes le volume

LE

IX Thermidor

D'APRÈS LES

Mémoires du Temps

N° 50

Il paraît un volume chaque Semaine

HENRI GAUTIER, éditeur, 55, quai des Grands-Augustins, PARIS

Récits des Grands Jours de l'Histoire

Directeur : PAUL GAULOT

CONDITIONS DE VENTE :

DANS NOS BUREAUX ET CHEZ LES LIBRAIRES	*Rendu franco* par la poste
Le volume : 15 centimes	1 VOLUME 20 c. | 2 VOLUMES 35 c. 25 VOLUMES 4 FR.

Écrire à M. HENRI GAUTIER, éditeur, 55, *quai des Grands-Augustins*
PARIS

Il paraît un volume par semaine.

Chaque volume se compose de 28 grandes pages, de format in-12 jésus, sous couverture en couleurs, simili-aquarelle. Imprimés sur beau papier vélin vergé, en caractères elzéviriens, ces volumes sont ornés de frontispices, culs-de-lampe, cabochons, *gravures hors-texte*, reproduisant les œuvres les plus célèbres des grands peintres.

VOLUMES EN VENTE

N° 1 — **Cinq-Mars et de Thou**, par le vicomte de Fontrailles.
N° 2 — **Le Mariage de Louis XIV**, par Mme de Motteville.
N° 3 — **Deux Étapes du Retour de l'Ile d'Elbe : Napoléon à Grenoble et à Lyon**, par Henry Houssaye, (de l'Académie Française.)
N° 4 — **La dernière Prison de Marie-Antoinette**, relation de Rosalie Lamorlière, servante à la Conciergerie.
N° 5 — **La Peste de Marseille en 1720**, par l'abbé Papon.
N° 6 — **La Réception du Czarevitch en 1782**, par la baronne d'Oberkirch.
N° 7 — **La Machine infernale de Fieschi**, par Maxime du Camp, (de l'Académie Française).
N° 8 — **Les Premiers Jours des États-Généraux (1789)**, d'après Marmontel.
N° 9 — **La Révolution de 1830**, par Gervinus.
N° 10 — **L'Affaire du Collier de la Reine**, par Lafont d'Aussonne.
N° 11 — **La Banque de la rue Quincampoix (Law et son système)**, d'après Saint-Simon, Duclos, etc.
N° 12 — **Bonaparte Dictateur (Le Coup d'état de Brumaire)**, d'après A.-V. Arnault.
N° 13 — **La Prise de la Bastille (14 juillet 1789)**, par Marmontel.
N° 14 — **Le Procès de Fouquet**, d'après les lettres de Mme de Sévigné.
N° 15 — **La Prise de l'Hôtel de Ville (31 octobre 1870)**, par Alfred Duquet.
N° 16 — **La Première Défaite de la Commune (31 octobre 1870)**, par Alfred Duquet.
N° 17 — **La Chute de la Monarchie (Journée du 10 août 1792)**, par le comte Rœderer.
N° 18 — **Napoléon à Bayonne et l'Aventure Espagnole de 1808**, par Louis Labat.
N° 19 — **L'Assassinat d'Henri IV**, d'après le Journal de Pierre de l'Estoile.
N° 20 — **L'Empereur et le Tsar (Entrevue d'Erfurt)**.
N° 21 — **La Dernière Tentative du prince Charles-Edouard Stuart**, par Voltaire.
N° 22 — **Les Massacres de Septembre. Mon Agonie de trente-huit heures**, par Jourgniac de Saint-Méard.
N° 23 — **Une Ambassade au Siam sous Louis XIV**, par le comte de Forbin et l'abbé de Choisy.
N° 24 — **Le Testament de Charles II d'Espagne**, par le duc de Saint-Simon.
N° 25 — **Les Émeutes de Juillet 1789**, par le baron de Besenval.
N° 26 — **L'Insurrection du 13 Vendémiaire**, par Charles Lacretelle.
N° 27 — **La Révolution de 1848**, d'après un récit de M. Thiers.
N° 28 — **Charlotte Corday et Marat**.
N° 29 — **L'Exposition de 1867**.
N° 30 — **Le Mariage de Napoléon et de Marie-Louise**.
N° 31 — **L'Assassinat du Maréchal d'Ancre**, d'après une relation contemporaine.

Le IX Thermidor

I

Ceux qui voyaient entrer à l'Assemblée constituante Maximilien Robespierre, le représentant d'Arras, ne pouvaient guère se douter de la singulière destinée de cet homme : ni les qualités physiques ni les qualités morales n'attiraient l'attention sur lui.

Sa taille était médiocre, cinq pieds et deux pouces (1); sa physionomie renfrognée n'avait rien de remarquable, son teint était bilieux et livide, ses yeux mornes et éteints : il portait presque toujours des conserves ; sa voix était aiguë et criarde. Toutefois, il savait parfois l'adoucir et donner de la grâce à son accent artésien, mais il n'a jamais regardé en face un honnête homme. Il se redressait dans sa petite taille ; sa démarche était ferme, vive et même un peu brusque. Il donnait de grands soins à sa personne, portait une perruque toujours fort soignée et ses habits étaient d'une propreté élégante.

Lorsqu'il avait longuement préparé son discours, il pouvait passer pour un orateur, mais un orateur fort médiocre ; lorsqu'il était contraint d'improviser, il restait au-dessous du médiocre. L'orgueil était le fond de son caractère ; la

(1) Un mètre 63 centimètres environ.

gloire littéraire était un de ses vices. Toutefois, ce qu'il ambitionnait par-dessus tout, c'était la gloire politique.

Les flatteries lui étaient particulièrement agréables, et, dans les derniers temps de sa puissance, il éprouvait la plus délicieuse sensation lorsqu'on appelait devant lui « armées de Robespierre » les armées de la République. En dehors de cela, comme tous les vrais jacobins, il détestait ce qui se rapportait aux choses militaires; en toute occasion, il s'efforçait de rabaisser le mérite des généraux ou l'importance des victoires, il avait peur du soldat glorieux et triomphant.

Faible et vindicatif, sobre et austère par tempérament autant que par volonté, il aimait à exercer son influence sur les imaginations tendres, sur les esprits médiocres; mais il détestait ce qui avait l'apparence ou la réalité de la force, et ne négligeait rien pour le combattre. L'astuce, après l'orgueil, était le trait le plus marqué de son caractère. (*Histoire parlementaire de la Révolution française*, par Buchez et Roux).

La bravoure n'était point son fait. Lors de l'affaire du Champ de Mars (17 Juillet 1791), bien que sa situation politique fût encore peu importante, il s'était cru menacé et avait montré une peur considérable. « Je ne connais pas d'effroi comparable à celui de Robespierre dans ces circonstances, dit Mme Roland, dans ses *Mémoires*. Nous nous inquiétâmes véritablement sur son compte, Roland et moi; nous nous fîmes conduire chez lui, au fond du Marais, à onze heures du soir, pour lui offrir un asile; mais il avait déjà quitté son domicile. »

Il demeurait alors rue de Saintonge : les événements le poussèrent à accepter les offres répétées d'un de ses plus chauds admirateurs, le sieur Duplay, et il vint s'installer chez lui, rue Saint-Honoré, nº 366.

Dans son intéressante et savante monographie sur *La Maison de Robespierre,* M. Victorien Sardou parle ainsi de l'hôte de Robespierre.

« Ce Duplay, jadis protégé par M. Geoffrin, était un gros entrepreneur de menuiserie en voie de faire fortune, car il possédait trois maisons de rapport, rue de l'Arcade, rue du Luxembourg et rue d'Angoulême; mais il n'occupait qu'à titre de locataire celle de la rue Saint-Honoré, où était son atelier. Il demeurait là avec sa femme, Eléonore Vaugeois, trois grandes filles, Eléonore, Victoire et Elisabeth, la future Mme Lebas, son jeune fils, âgé d'une douzaine d'années, qui s'appelait Maurice comme lui, et son neveu, Simon Duplay, dit *à la jambe de bois*, ayant perdu la bonne à Valmy. Il avait de plus une autre fille, Sophie, mariée en province à un nommé Anyat, qui se donne, dans les actes, la qualité de jurisconsulte! — Il était avocat.

« Les Duplay, grands et petits, firent si bon accueil à Robespierre, il fut tellement sollicité de ne plus quitter la maison, que, dès le lendemain, il se laissa convaincre et envoya chercher ses malles rue de Saintonge. »

Les relations se firent bientôt très cordiales, et les uns et les autres songèrent à les resserrer par un mariage: Robespierre devint le fiancé de la fille aînée de Duplay, mais, d'un commun accord, la célébration du mariage fut remise à des temps plus calmes, qui ne devaient point venir pour les fiancés.

Cette attente était facile pour Robespierre: sa seule passion était le pouvoir. Il avait su manœuvrer assez habilement pour se débarrasser successivement de tous ceux qui lui faisaient obstacle: Girondins (31 mai — 2 juin 1793), Hébertistes (24 mars 1794) et Dantonistes (5 avril 1794). Il semblait avoir réalisé son rêve: la Convention lui obéissait par peur, et la Commune par conviction.

Son instrument de règne était la Terreur. Il fit voter la loi du 22 prairial, qui mettait dans sa main le tribunal révolutionnaire, ce sinistre exécuteur de toutes ses volontés. L'échafaud, dressé en permanence place du Trône-renversé (aujourd'hui place de la Nation), dévorait chaque jour de nombreuses victimes. Qui eût reconnu dans le dictateur sanguinaire l'humanitaire qui avait voté l'abolition de la peine de mort, à l'Assemblée constituante, et le refus d'armer nos troupes d'un canon tirant vingt-cinq coups à la minute!

Dans la Convention, cependant, il avait des ennemis: les partisans secrets et effrayés des Girondins et des Dantonistes subissaient sa tyrannie, mais, au fond du cœur, ils la détestaient, et surtout ils avaient peur de devenir aussi les victimes de cet homme, qui ne trouvait d'autre moyen de perpétuer son règne que

De laver dans le sang ses bras ensanglantés.

Au nombre de ces Montagnards hostiles à Robespierre figuraient des hommes d'action: Billaud-Varennes, Collot-d'Herbois, Barras, Tallien, Fouché, Fréron, Lecointre, etc. Ils se préparaient à la lutte.

Déjà même, dans leur impatience, ils avaient laissé échapper certains avertissements qui avaient retenti aux oreilles de Robespierre, comme un glas qui annoncerait la fin prochaine d'une dictature devenue odieuse. C'était lors de la fête de l'Etre suprême, le 20 prairial (18 juin 1794).

An 1794 18 juin

Robespierre s'était fait nommer président de la Convention afin de présider la cérémonie publique. Il eut la maladresse de faire attendre ses collègues, et ce procédé qui rappelait ceux de la royauté souleva un sourd mécontentement parmi les révolutionnaires ardents.

Quand le cortège se mit en marche, Robespierre marcha en tête, mais il laissa la distance qui le séparait des autres représentants du peuple s'augmenter insensiblement, flatté qu'il était dans son extraordinaire vanité de jouir de ce signe matériel de la puissance et de sa supériorité sur ses collègues.

Ceux-ci, indignés et touchés aussi dans leur vanité, ne purent se contenir. Bourdon de l'Oise, s'approchant de Robespierre lui dit brutalement :

— J'aime la morale de ton discours ; quant à toi, je ne t'estime guère.

D'autres furent moins retenus encore, et se répandirent en paroles injurieuses ou menaçantes :

— Vois-tu cet homme? Il ne lui suffit pas d'être maître, il faut qu'il soit Dieu !...

— La Roche Tarpéienne est près du Capitole !

— Il y a encore des Brutus !...

Cette fête qui semblait devoir être son apothéose fut en réalité le commencement du complot ourdi pour sa chute.

Robespierre ne pouvait donc point ignorer les dispositions hostiles de ses ennemis, mais il se croyait en mesure de les déjouer, et il attendait une occasion propice de se défaire d'eux. Il crut le moment venu, le 8 thermidor (26 juillet 1794).

26 juillet

Depuis quelque temps, il n'avait paru ni à la Convention ni au Comité de Salut public. Il laissait agir pour lui ses amis, Saint-Just et Couthon. Il se réservait pour les grandes circonstances.

Le 8 thermidor, donc, il monta à la tribune de la Convention.

Suivant son habitude, il lut un long discours, savamment préparé dans les loisirs de sa retraite volontaire. L'œuvre ne visait qu'à vanter sa vertu, son patriotisme, son dévouement à la chose publique, et qu'à menacer ses adversaires

ATTAQUE DE LA MAISON COMMUNE DE PARIS, LE 9 THERMIDOR

en les présentant comme des ennemis de la Patrie et de la Révolution. C'était toujours le même système qui lui avait réussi jusque-là.

Il se plaignit d'être calomnié. « Ils m'appellent tyran ! Si je l'étais, ils ramperaient à mes pieds... On arrive à la tyrannie par le secours des fripons. Où courent ceux qui les combattent ? au tombeau et à l'immortalité... »

Il déclama contre les comités de salut public, de sûreté générale, des finances. Il se plaignit de l'importance donnée au récit des opérations militaires : « On vous parle beaucoup de vos victoires avec une légèreté académique, qui ferait croire qu'elles n'ont coûté à nos héros ni sang ni travaux ; racontées avec moins de pompe, elles paraîtraient plus grandes... Laissez flotter un moment les rênes de la Révolution, vous verrez le despotisme militaire s'en emparer et le chef des factions renverser la représentation nationale avilie... »

Il termina en affirmant de nouveau l'éternelle « conspiration contre la liberté publique » ; et il indiqua les remèdes au mal ; « Punir les traîtres, renouveler les bureaux du Comité de sûreté générale, épurer ce comité lui-même et le subordonner au Comité de salut public ; épurer le Comité de salut public lui-même, constituer l'unité du gouvernement sous l'autorité suprême de la Convention nationale qui est le centre et le juge, et écraser ainsi toutes factions du poids de l'autorité nationale, pour élever sur leurs ruines la puissance de la justice et de la liberté. Tels sont les principes... Je suis fait pour combattre le crime et non pour le gouverner... Les défenseurs de la liberté ne seront que des proscrits, tant que la horde des fripons dominera. »

Ces menaces d'épuration indiquent clairement le but de l'orateur. D'ailleurs, un de ses familiers, Vilate, juré au Tribunal révolutionnaire, avait pris soin de l'indiquer très nettement, quelques jours auparavant, en disant à haute voix dans la salle de la Liberté, voisine de celle où siégeait la Convention :

— Le Tribunal révolutionnaire attend une vingtaine de députés ; la bombe va éclater...

Cependant l'autorité de Robespierre était telle que son discours fut fort applaudi : Lecointre en proposa même l'impression, qui fut votée aussitôt.

Robespierre triomphait et croyait la partie gagnée. Un incident rouvrit le débat. Vadier, Billaud-Varennes, Panis attaquèrent la mesure votée, et, ainsi qu'il arrive souvent dans les assemblées délibérantes, la majorité tourna et le décret fut rapporté.

C'était là un échec moral pour Robespierre : il n'était pas habitué à rencontrer de telles résistances. Étonné et furieux, il alla, le soir même, chercher des applaudissements au Club des Jacobins. Il relut son discours qui excita dans ce milieu échauffé un formidable enthousiasme.

Il en profita en habile comédien pour se poser en victime. « Ce discours est mon testament de mort. Je l'ai vu aujourd'hui ; la ligue des méchants est tellement forte que je ne puis pas espérer de lui échapper. Je succombe sans regret, je vous laisse ma mémoire ; elle vous sera chère, et vous la défendrez. » Puis il termina en se déclarant prêt à « boire la ciguë. »

Tout ceci n'était qu'hypocrisie. Il rentra chez Duplay, et, là, seul, en présence d'amis, il manifesta sa confiance dans l'issue de la bataille qu'il comptait recommencer le lendemain.

« Je n'attends plus rien de la Montagne, dit-il ; ils veulent se défaire de moi comme d'un tyran, mais la masse de l'Assemblée m'entendra. »

En se rendant à la Convention, il réitéra à Duplay l'expression de sa confiance :

« La masse est pure ; je n'ai rien à craindre. »

Il se trompait. Ses ennemis avaient mis à profit la nuit pour s'assurer un appui dans cette « masse » de la Convention, et, bien que les adversaires de Robespierre n'inspirassent que peu d'estime aux députés de la Plaine ou du Marais, comme on appelait par dérision les représentants terrorisés, ceux-ci préféraient encore au régime terrible de Robespierre l'inconnu qu'amènerait sa chute. Ils espéraient faire enfin cesser les supplices, et rendre à la France un gouvernement plus honnête et moins prodigue du sang des français. L'un d'eux, Durand-Maillane, explique ainsi les raisons qui fixèrent leurs résolutions : « Nous cédâmes. Il n'était pas possible de voir plus longtemps tomber, soixante, quatre-vingts têtes par jour sans horreur. Le décret salutaire ne tenait qu'à notre adhésion ; nous la donnâmes, et, dès ce moment, les fers furent au feu. »

II

La séance du 9 thermidor (27 juillet), eut une importance décisive. 9 thermid.

La chaleur était étouffante et surexcitait les esprits. Tous, d'ailleurs, sentaient que la lutte engagée ne pouvait se terminer que par la mort des vaincus. La bataille s'annonçait, grave, sérieuse et inévitable.

Tallien, en entrant à la Convention, vit Saint-Just, l'âme damnée de Robespierre, à la tribune. « Il faut en finir », s'écria-t-il. La pensée était dans tous les esprits. Saint-Just, le farouche sectaire, avait senti le besoin de compléter le discours de Robespierre, et, docile à ses errements habituels, il indiquait les mesures à prendre contre les ennemis de la faction dont Robespierre, Couthon et lui étaient les chefs.

« Je ne suis d'aucune faction : je les combattrai toutes, » disait-il.

Mais ses adversaires n'entendaient point lui laisser la parole. Tallien interrompit avec véhémence :

« Je demande que le rideau soit entièrement déchiré ! »

Trois salves d'applaudissements accueillent ces paroles. On voit que l'Assemblée en a assez des insinuations de Robespierre et de ses amis. Collot d'Herbois, qui préside, donne la parole à Billaud-Varennes.

Celui-ci est décidé à tout. Il « déchire entièrement le rideau ». Il rappelle avec indignation la scène de la veille aux Jacobins. Lebas, ami de Robespierre, veut interrompre. « A l'Abbaye ! » lui crie-t-on.

Billaud reprend :

« Les patriotes sauront mourir pour la liberté. » (*Oui! oui! Vifs applaudissements.*)

« Je le répète, nous mourrons tous avec honneur, car je ne crois pas qu'il y ait ici un seul représentant qui voulût exister sous un tyran. » (*Non! non! Périssent les tyrans!*) « Les hommes qui parlent sans cesse de justice et de vertu, à la Convention ou aux Jacobins, sont ceux qui les foulent aux pieds quand ils le peuvent. En voici la preuve. Un secrétaire du Comité de salut public avait volé 114,000 livres. J'ai demandé son arrestation, et Robespierre, qui parle sans cesse de justice et de vertu, est le seul qui l'ait empêché d'être arrêté. » (*Nouveau mouvement d'indignation.*)

«... On voulait détruire, mutiler la Convention... »

Il continue sur ce ton. Robespierre veut l'arrêter, parler à son tour. Il s'élance à la tribune. Aussitôt un grand nombre de cris : « A bas le tyran ! » partent de tous les côtés.

Le Président lui refuse la parole et la donne à Tallien.

« Je demandais tout à l'heure, dit Tallien, qu'on déchirât le voile. Je viens d'apercevoir avec plaisir qu'il l'est entièrement, que les conspirateurs sont démasqués, qu'ils seront bientôt anéantis, et que la liberté triomphera (*Applaudissements*). J'ai vu se former l'armée du nouveau Cromwell, et je me suis armé d'un poignard pour lui percer le sein, si la Convention nationale n'avait pas le courage de le décréter d'accusation. » (*Vifs applaudissements.*)

« Je demande que nous décrétions la permanence de nos séances jusqu'à ce que le glaive de la loi ait assuré la Révolution, et que nous ordonnions l'arrestation de ses créatures. »

Les deux propositions sont adoptées au milieu des applaudissements et des cris : « Vive la République ! »

Billaud-Varennes demande l'arrestation de Dumas, président du tribunal révolutionnaire. Le décret est aussitôt rendu, aussitôt exécuté. Dumas est enlevé de son siège, au milieu de l'audience, et conduit en prison.

Delmas demande aussi qu'on arrête Henriot, commandant en chef de la force armée.

Adopté.

Robespierre insiste pour avoir la parole.

« A bas le tyran ! » crient les députés.

« Tu n'auras pas la parole, » répète le président.

Tallien s'empare de la tribune :

« Citoyens, ce n'est pas en ce moment sur des faits particuliers que je dois porter l'attention de la Convention... Si je voulais retracer les actes d'oppression particuliers qui ont eu lieu, je remarquerais que c'est pendant le temps où Robespierre a été chargé de la police générale qu'ils ont été commis; que les patriotes du Comité révolutionnaire de la section de l'indivisibilité ont été arrêtés...

« — C'est faux ! s'écrie Robespierre. Je... »

Les cris, les murmures, qui s'élèvent de toutes parts, lui coupent la parole. Il se tourne vers les plus ardents Montagnards et les implore du regard : les uns détournent la tête, les autres restent immobiles. Il sent que la majorité l'abandonne. Il tente un dernier effort : il s'adresse à tous les côtés de l'Assemblée :

« — C'est à vous, hommes purs, que je m'adresse, et non pas aux brigands... »

Ce mot soulève de nouveaux orages. Robespierre interpelle Collot d'Herbois :

« — Pour la dernière fois, président d'assassins, je te demande la parole ! »

Au milieu du bruit, Collot cède le fauteuil à Thuriot. Thuriot ne lui est pas plus favorable :

« — Tu ne l'auras qu'à ton tour, dit-il. »

De tous côtés, éclatent des clameurs : *Non ! non !* Le bruit continue ; Robespierre s'épuise en efforts ; sa voix s'éteint.

Alors, à ce moment, Garnier de l'Aube lance cette apostrophe :

« Le sang de Danton l'étouffe ! »

A ce nom, à ce souvenir, Robespierre, comme s'il voyait la tête sanglante du tribun qu'il a immolé, recule, étonné, saisi, plein d'effroi.

« — C'est donc Danton que voulez venger ? dit-il. »

L'instant décisif est arrivé. Louchet, un obscur député, se lève.

« — Je demande le décret d'arrestation contre Robespierre.

Loiseau. « — Il est constant que Robespierre a été dominateur. Je demande pour cela seul le décret d'accusation !

Louchet. « — Ma motion est appuyée : aux voix l'arrestation !

Robespierre jeune. « — Je suis aussi coupable que mon frère. Je partage ses vertus. Je demande aussi le décret d'accusation contre moi. »

Cet acte de courage et de piété fraternelle passe inaperçu au milieu du tumulte. Robespierre continue à apostropher le président et les membres de l'Assemblée dans les termes les plus injurieux.

Charles Duval. « — Président, est-ce qu'un homme sera le maître de la Convention ?

Cris. « — *Il l'a été trop longtemps !*

Fréron. « — Ah ! qu'un tyran est dur à abattre !

Loiseau. « — Aux voix l'arrestation des deux frères !

Billaud-Varennes. « — J'ai des faits positifs que Robespierre n'osera pas dénier. Je citerai d'abord le reproche qu'il a fait au Comité d'avoir voulu désarmer les citoyens...

ROBESPIERRE. « — J'ai dit qu'il y avait des scélérats... (*Murmures.*)

BILLAUD-VARRENES. « — Je disais qu'il a reproché au Comité d'avoir voulu désarmer les citoyens. Eh bien ! c'est lui seul qui a pris cet arrêté. Il a accusé le gouvernement d'avoir fait disparaître tous les documents consacrés à l'Etre suprême, eh bien ! apprenez que c'est par Couthon...

COUTHON. « — Oui, j'y ai coopéré. (*Nouveaux murmures.*)

Plusieurs membres. « — Aux voix l'arrestation ! »

Elle est décrétée à l'unanimité. Tous les membres se lèvent et font retentir la salle des cris de : *Vive la Liberté! Vive la République !*

« — La République, s'écrie Robespierre, elle est perdue, car les brigands triomphent ! »

On ne fait même plus attention à ses paroles, et les événements se précipitent.

LOUCHET. « — Nous avons entendu voter pour l'arrestation des deux Robespierre, de Saint-Just et de Couthon.

LEBAS. « — Je ne veux pas partager l'opprobre de ce décret. Je demande aussi l'arrestation. (*L'arrestation est votée.*)

FRÉRON. « — Citoyens collègues, la Patrie en ce jour et la Liberté vont sortir de leurs ruines... »

Robespierre tente de protester.

FRÉRON. « — On voulait former un triumvirat, qui rappelait les proscriptions sanglantes de Sylla ; on voulait s'élever sur les ruines de la République, et les hommes qui le tentaient sont Robespierre, Couthon et Saint-Just.

Plusieurs voix. « — Et Lebas !

FRÉRON. « — Couthon est un tigre altéré du sang de la représentation nationale. Il a osé, pour passe-temps royal, parler dans la société des Jacobins de cinq ou six têtes de la Convention. (*Oui! oui! s'écrie-t-on de toutes parts.*) Ce n'était là que le commencement, et il voulait faire de nos cadavres autant de degrés pour monter au trône...

COUTHON. « — Je voulais arriver au trône, oui ! »

Et il montre ironiquement ses pauvres jambes cotonneuses qui refusent de le porter.

FRÉRON conclut : « — Je demande aussi le décret d'accusation contre Saint-Just, Lebas et Couthon. »

La proposition est votée au milieu des plus vifs applaudissements, les « individus décrétés d'accusation » descendent à la barre ; les gendarmes les emmènent.

Il semble qu'à ce moment-là, la Convention soit pleinement victorieuse. Il est cinq heures ; elle suspend sa séance pour la reprendre à sept heures du soir.

Mais elle a compté sans la Commune. Cette assemblée, toute dévouée à Robespierre, a résolu de lutter pour lui contre la Convention. Elle dispose de forces armées, elle en donne le commandement à Henriot. Paris tout entier frémit à la nouvelle de ce grave incident; les esprits sont encore incertains. Que va-t-il se passer ? Le tyran a si bien établi sa domination qu'il semble en effet des plus difficiles à abattre.

On l'entraîne, lui et ses complices en prison ; mais, chose inouie, la terreur qu'il continue à inspirer est telle qu'aucun geôlier ne veut les recevoir. Informé de ce qui se passe, le Comité d'exécution, qui s'est formé à l'Hôtel de Ville, offre un refuge dans son sein à Robespierre, à Saint-Just, à Couthon, etc.

Vers une heure du matin, ils sont tous réunis, et la délibération commence sur le parti à prendre. Tous comprennent qu'il n'y a plus à attendre de salut que de la force.

Couthon propose une proclamation aux armées. Robespierre, toujours incertain, semble étonné de la proposition :

« — Au nom de qui ? demande-t-il.

« — Au nom de la Convention, répond Saint-Just ; elle est partout où nous sommes. »

Robespierre réfléchit un instant.

« — Mon avis est qu'on écrive au nom du peuple français, dit-il. »

A ce moment, il semble que la fortune a changé et que leur triomphe est assuré. Bien qu'une pluie d'orage, tombant sur Paris après une journée d'une excessive chaleur, ait quelque peu diminué le nombre des fidèles qui stationnent autour de l'Hôtel de ville, la Convention n'a pas encore agi, et ce temps perdu a rendu toute confiance au parti de la Commune.

Un appel adressé à la section des Piques en fait foi :

« Courage, patriotes de la section des Piques ! La liberté triomphe. Déjà ceux que leur fermeté a rendus formidables aux traîtres sont en liberté. Partout le peuple se montre digne de son caractère. Le point de la réunion est à la Commune où le brave Henriot exécutera les ordres du Comité d'exécution créé pour sauver la patrie. »

Legrand, Louvet, Payan, Lerebours ont signé. Robespierre prend la plume et s'apprête à en faire autant. Déjà il a tracé les deux premières lettres de son nom. Des clameurs éclatent, une troupe armée s'approche : tout va en quelques instants changer encore une fois de face.

La Convention s'était enfin décidée à agir.

III

Elle avait fait appel à Barras et lui avait offert le commandement contre les insurgés. Barras raconte en ces termes ce qui se passa alors (1) :

« La Convention nationale, se levant en masse, prononça le décret qui fut rendu à l'unanimité. Je n'apercevais que de bien faibles moyens pour repousser l'audace des rebelles; ils étaient maîtres de nos canons et bloquaient toutes les issues du palais des Tuileries. Il n'y avait point lieu à la discussion en un pareil moment; il fallait agir : mais pour agir il fallait, à défaut des moyens qui nous étaient enlevés, l'entier assentiment de la portion des citoyens et des députés déterminés à ne plus vouloir subir Robespierre. La Convention, se levant encore en masse, me témoigna la plus généreuse confiance. Tous mes collègues, les uns me serrant la main, les autres m'embrassant, me dirent qu'on attendait cette nouvelle preuve de mon dévouement à la patrie.

« J'acceptai donc cette tâche, qui sans doute pouvait être considérée comme dangereuse, puisque le glaive était tiré et que la question était de vaincre ou de périr. Mais cette question n'était-elle pas pour nous celle de tous les jours? Chacune de nos séances n'était-elle pas un combat à mort, seulement quelquefois sourd et prémédité, et venant se terminer, presque sans honneur, par le coup de la guillotine?

« Ici, du moins, la chance pouvait n'être pas sans quelque gloire. C'était les armes à la main que nous succomberions si telle était la fatalité; nous ne devions pas prétendre l'éluder. Il fallait la remercier encore de nous faire périr sur un champ de bataille, plutôt que sur un échafaud.

(1) *Mémoires* de Barras, publiés par Georges Duruy (Hachette et Cie).

« On peut s'étonner de mon hésitation dans le premier moment, et l'on a droit de m'en demander la raison. Je réponds avec franchise qu'elle pouvait tenir à la connaissance que j'avais de la valeur des personnages engagés dans la lutte.

« Quelle était vraiment la nuance qui différenciait entre eux les membres des comités? Valaient-ils mieux les uns que les autres sous le rapport de l'humanité? Que reprochaient Saint-Just et Robespierre à Billaud et à Collot? Que reprochaient à Saint-Just et à Robespierre, Collot et Billaud? Ils s'adressaient réciproquement des accusations fausses et supposées, car, sous le rapport de la ligne politique et de l'intégrité, comme on l'entend dans le sens moral, les uns et les autres étaient également irréprochables; mais où ils étaient également coupables, c'était dans l'application d'un système impitoyable pour l'espèce humaine mise par eux *en coupe réglée*, comme Danton le leur avait dit en mourant. C'était dans l'abus sans relâche qu'ils faisaient de l'instrument de la mort contre les créatures les moins offensives de la société et de la République; c'était, s'il peut y avoir quelque chose de plus coupable que de frapper l'innocence même, c'était de choisir encore leurs ennemis personnels, avec une prédilection et une joie toute particulière, pour les faire périr sur des échafauds. Une réflexion détermina ma résolution. Etait-il possible que mon cœur ne fût pas sincèrement ému de l'hommage rendu à mes sentiments, à mon caractère, dans le moment d'un danger commun?

« D'ailleurs, n'étais-je pas d'accord avec ceux de mes collègues qui s'étaient prononcés énergiquement contre Robespierre, malgré ses appels hypocrites à ce qu'il nommait, pour la première fois, la *partie saine* de la Convention, en jetant à des collègues qu'il croyait avoir marché jusqu'alors avec lui l'épithète de *brigands!*

« Je sentais qu'il fallait se débarrasser, à tout prix, de ce redoutable ennemi, dont le prestige révolutionnaire, acquis par une longue suite de caresses assidues faites au peuple et de triomphes consacrés par l'opinion du vulgaire, faisait naître tous les jours de nouvelles difficultés et nous créait de nouveaux dangers. Mon parti politique était pris; général investi d'un si grand mandat, mon hésitation était impossible; j'étais décidé à marcher sur Robespierre jusqu'à ce que mort s'ensuivît.

« Henriot, un moment arrêté par Merlin de Thionville,

avait été remis en liberté par des soldats ivres et furieux que conduisait Coffinhal (1).

« La Convention décréta sans désemparer la mise hors la loi du général rebelle. Je sortis de la salle le décret à la main. « Je vais à mon poste, restez au vôtre. » Voilà quel fut tout mon discours. Henriot était là avec ses canonniers, je leur criai d'une voix forte : « Retirez-vous, misérables! Henriot est hors la loi. » Quelques militaires et des citoyens qui me suivaient en très petit nombre, crièrent à leur tour : « Obéissez à Barras! c'est le général en chef. » A cette annonce, la peur saisit les insurgés et leur vil commandant; tous se sauvèrent pêle-mêle à la Commune.

« La lâcheté d'Henriot et la dispersion de ses soldats entraînèrent des désordres; à l'instant s'ensuivit une nombreuse désertion dans la partie de ses troupes restées stationnées place de Grève, aux ordres de la Commune, dont l'ardeur décroissante semblait se rapprocher de quelque modération.

« J'embrassai d'un coup d'œil cet état de choses, et je crus voir que j'avais le temps nécessaire pour faire appel aux bons citoyens, et pour opérer la réunion, au Carrousel, des troupes qui étaient dans Paris et hors des barrières, à Meudon et à Saint-Germain. J'ordonnai de battre la générale et de tirer le canon d'alarme.

« Mes agents, élevant la voix et parcourant les rues, annonçaient des forces considérables qui s'étaient ralliées. J'avais à peu près quatre mille hommes à moi; je désirais éviter un combat, et craignais d'être obligé de canonner l'Hôtel-de-Ville. Les comités, en voyant le théâtre de la bataille reporté des Tuileries à la Grève, étaient revenus de leur frayeur, ils avaient repris de suite leur ton d'orgueil et leur goût instinctif de sévérité : ils auraient voulu que je misse tout à feu et à sang, et que j'exterminasse tous les rebelles d'une seule mitraille; j'eus le bonheur de leur prouver qu'il était possible d'éviter le carnage et l'incendie. Les positions que j'avais prises pouvaient, dans tous les cas, protéger la retraite de la Convention nationale sur les hauteurs de Meudon. L'appareil de mes mesures fit une telle impression que je ne fus point dans le cas d'avoir recours aux dernières extrémités. L'épouvante gagnait les conspirateurs; la défection de leurs premiers complices s'étendit

(1) Vice-président du Tribunal révolutionnaire, le plus fougueux comme le plus habile partisan de Robespierre.

bientôt à tous les jacobins du dehors comme par un mouvement électrique.

« De temps en temps, j'envoyais des rapports rassurant à la Convention. Tandis qu'à la tête de mon armée je maintenais ma route par les quais à la place de Grève, le bruit du roulement de mon artillerie mit en fuite le reste de l'insurrection. Je montai à l'Hôtel de Ville, où avait déjà pénétré Merlin de Thionville. Mon intrépide collègue était déjà entré, le sabre à la main, dans la salle des délibérations. Henriot se précipite sur lui, armé d'un pistolet, pour lui barrer le passage, et le prend au collet. « Misérable, lui dit Merlin, tu es hors la loi; le peuple marche avec nous, il va faire justice des traîtres. Barras commande l'armée, il monte, vous êtes prisonniers. » Au même moment, le peloton qui suivait Merlin s'élance pour le secourir.

« J'étais dans l'escalier lorsque le bruit de plusieurs détonations me fit pressentir de graves événements. En effet, voici le tableau qui s'offrit à mes yeux :

« J'aperçus Robespierre : avec l'un des deux pistolets que tenait Lebas, il s'était fracassé la mâchoire (1). Lebas, avec l'autre, s'était brûlé la cervelle; Couthon était tombé sous une balle.

« On emporta Robespierre dans une petite pièce à la porte de laquelle était étendu Lebas. Saint-Just donnait des soins à Robespierre et Henriot s'était blotti dans un cabinet. Je ne pus soutenir cet affligeant spectacle : je sortis et fis transporter Robespierre au salon du Comité de salut public, où il fut déposé sur une table. »

IV

Ainsi amené dans le voisinage de la Convention (2) Robespierre n'est plus qu'un objet d'horreur pour les collègues qui ont tremblé si longtemps devant lui.

Le président leur dit :

« — Le lâche Robespierre est là. Vous ne voulez pas qu'il entre ?

(1) D'après d'autres récits, et notamment celui du gendarme Méda, il est plus vraisemblable de croire que Robespierre ne se tua pas, mais fut blessé par Méda. Le rapport des médecins Verzès et Marigues indique que « la blessure était oblique, de dehors en dedans, de gauche à droite, de haut en bas, » ce qui exclut la possibilité du suicide.

(2) La Convention siégeait dans l'aile droite des Tuileries, et le Comité de Salut public tenait ses séances dans l'aile gauche.

« — Non ! non ! s'écrient les députés avec horreur.

« — Apporter dans le sein de la Convention le corps d'un homme couvert de tous les crimes, crie Thuriot, ce serait enlever à cette belle journée tout l'éclat qui lui convient. Le cadavre d'un tyran ne peut que porter la peste. La place qui est marquée pour lui et ses complices, c'est la place de la Révolution. Il faut que les deux Comités prennent les mesures nécessaires pour que le glaive de la loi les frappe sans délai ! »

La Convention décrète toutes les mesures relatives au supplice des vaincus.

Il est six heures du matin quand elle se sépare. Sa victoire est complète.

Que devenait Robespierre pendant ce temps? Le récit d'un contemporain va nous l'apprendre (1).

« Robespierre est toujours porté de la même manière, par les mêmes hommes. Il se cache la figure avec son bras droit. L'espèce de cortège s'arrête un instant au pied du grand escalier; des curieux viennent augmenter la foule; plusieurs d'entre eux qui en étaient lèvent son bras pour voir sa figure.

« L'un dit : « Il n'est pas mort, car il est encore chaud. »

« Un autre dit : « Ne v'là-t-il pas un beau roi? »

« Un autre dit : « Quand ce serait le corps de César, « pourquoi ne pas l'avoir jeté à la voirie? »

« Les porteurs ne veulent pas qu'on le touche et ceux qui tiennent les pieds disent à ceux qui sont à la tête de la tenir bien élevée, dans l'intention de lui conserver le peu de vie qui lui reste.

« L'on monte enfin avec le fardeau jusque dans la grande salle du Comité; on le dépose sur une grande table, à l'opposé du jour, on pose sa tête sur une boîte remplie de morceaux de pain de munition moisis.

« Il ne remue pas, mais il respire beaucoup; il pose sa main droite sur son front, on voit qu'il cherche à se cacher le visage; quoique défiguré, il donne encore quelques signes d'affectation. Quelquefois les muscles frontaux se rapprochent et son front devient ridé. Quoique ayant l'air assoupi, l'on voit que ses blessures lui font ressentir de grandes douleurs.

« Il entre du monde pour voir Robespierre, chacun en dit ce qui lui vient à l'idée.

(1) Faits recueillis aux derniers instants de Robespierre et de sa faction dans la nuit du 9 au 10 thermidor.

« Parmi ceux qui l'avaient amené il y avait un pompier et un canonnier qui ne cessaient de lui parler. Ils avaient toujours quelques mots plaisants à lui adresser.

« L'un lui disait : « Sire, Votre Majesté souffre ? » L'autre : « Eh bien ! il me semble que tu as perdu la parole ; tu « n'achèves pas ta motion, elle était bien commencée. Ah ! « il faut que je dise la vérité : tu m'as bien trompé, scélé- « rat. » Un autre citoyen a dit : « Je ne connais qu'un « homme qui ait bien connu l'art des tyrans : cet homme « est Robespierre. »

Il porte encore l'habit bleu ciel et la culotte de nankin, comme au jour de la fête de l'Etre suprême, mais ses vêtements sont en désordre, sa chemise est ensanglantée. Il n'a ni chapeau, ni cravate, ses bas de coton blanc sont rabattus sur les talons.

Vers les quatre heures du matin, on s'aperçoit qu'il tient à la main un sac de peau blanche portant cette inscription : *Au Grand Monarque, Lecourt, fourbisseur du roi et de ses troupes, rue Saint-Honoré, près celle des Poulies, à Paris*, et sur le revers ces mots : *A. M. Archier*. Il se sert de ce sac pour étancher le sang caillé qui sort de sa bouche.

Vers les six heures du matin, Elie Lacoste vient dans la salle, avec un chirurgien auquel il dit de panser Robespierre, « afin de le mettre en état de pouvoir être puni ».

« Ceux qui environnaient le corps continuaient à se venger en propos libres ; et pendant ce temps on prépare du linge et de la charpie. Lorsque tout est prêt, le chirurgien s'avance et dit : « Portez le blessé sur le bord de la table. » On le lève sur son séant. Il se porte lui-même sur ses mains. Le chirurgien lui lave la figure. On le tourne du coté du jour pour le panser facilement. Le chirurgien lui met une clef entre les dents, il cherche avec les doigts dans l'intérieur de la mâchoire, il trouve deux dents déracinées, et les prend avec une pince. Il dit que la mâchoire inférieure est cassée. Il enfonce dans la bouche plusieurs tampons de linge pour pomper le sang dont elle est remplie ; il passe à plusieurs reprises un lardoir par le trou de la balle et le fait sortir par la bouche ; il lave encore la figure et met ensuite un morceau de charpie sur la plaie, sur quoi il pose un bandeau qui passe autour du menton : il coiffe la partie supérieure de la tête avec un linge. Pendant cette opération chacun disait son mot ; lorsqu'on lui pose le bandeau sur le front, un homme dit : « Voilà que l'on pose le diadème à « Sa

Majesté ! » Un autre dit : « Le voilà coiffé comme une religieuse ».

« Il devait entendre toutes ces choses, car il avait quelques forces et ouvrait souvent les yeux.

« Le pansement fini, on le recoucha, en ayant soin de remettre la boîte sous sa tête pour lui servir, disait-on, d'oreiller en attendant qu'il aille faire un tour à la petite fenêtre.

« Tout d'un coup, il se met sur son séant, relève ses bas, se glisse prestement en bas de la table, et va se placer dans un fauteuil. A peine assis, il demande par signe de l'eau et du linge blanc.

« Il regarde fixement les gens qui l'environnent ; parfois, il lève les yeux au plafond ; son teint, habituellement bilieux, est livide. De temps en temps, il a des mouvements convulsifs, mais il fait montre d'une grande impassibilité.

« Saint-Just qui a été amené au Comité quelques instants après Robespierre, conserve une attitude silencieuse. Ses vêtements ne sont nullement endommagés : sa cravate même est bien mise. Il porte un habit de couleur chamois, un gilet fond blanc et une culotte de drap gris blanc. Malgré sa volonté, toutefois, sa figure trahit l'abattement, l'humiliation et ses yeux grossis peignent le chagrin ».

Autour d'eux sont Dumas, Payan et quelques comparses. Dumas, qui égayait souvent de ses horribles facéties les audiences du Tribunal révolutionnaire qu'il présidait, ne paraît pas trop affecté. Il a un air rêveur, un regard fixe et ne fait aucun mouvement. Quant à Payan, il perd peu à peu de son assurance et finit par trahir dans l'expression de son visage toute la peur qu'il éprouve.

V

Vers les neuf heures du matin, on conduisit les prisonniers à la Conciergerie où ils retrouvèrent Couthon, Robespierre jeune, Lescot-Fleuriot, Henriot et quelques autres membres de la Commune.

Quant à Robespierre, les sarcasmes et les injures pleuvent autour de lui. A un moment, il demande, toujours par signe, au guichetier de lui apporter une plume et de l'encre ; mais le guichetier brutal répond au dictateur détrôné :

« Que diable en veux-tu faire ? As-tu dessein d'écrire à ton Etre suprême ? »

Vers les neuf heures du matin, tous les prisonniers furent conduits au Tribunal révolutionnaire. La mise hors la loi prononcée contre eux par la Convention supprimait tout procès; le Tribunal se borna à constater leur identité. Cette formalité accomplie, on leur fit attendre jusqu'à la fin de la journée leur supplice.

« C'est vers six heures du soir, rapporte le *Journal de Perlet*, que le tyran et vingt et un de ses principaux complices sont partis de la Conciergerie. Ils étaient sur trois charrettes : Henriot, soûl suivant son usage, à côté de Robespierre jeune, le tyran à côté de Dumas, l'instrument de ses fureurs, Saint-Just auprès du maire de Paris (1), Couthon était dans la troisième charrette.

« Henriot et Robespierre jeune sont couverts de sang. Couthon avait un bandeau, le tyran avait toute la tête, hors le visage, enveloppée parce qu'il avait reçu un coup de pistolet dans la mâchoire. Il n'est pas donné à un homme d'être plus hideux ni plus lâche : il était morne et abattu. Les uns le comparaient à un tigre muselé, d'autres à un valet de Cromwell... Tous ceux qui l'entouraient avaient, comme lui, perdu leur audace. Leur bassesse ajoutait à l'indignation contre eux. On se rappelait que, du moins, les conspirateurs qui les ont précédés, avaient su mourir. Ceux-ci n'avaient même pas la force de se parler, ni d'adresser la moindre parole au peuple.

« La foule était innombrable ; les accents d'allégresse, les applaudissements, les cris de *A bas le tyran! Vive la République!* les imprécations de toute espèce ont retenti de toutes parts le long du chemin. Le peuple se vengeait ainsi des éloges commandés par la terreur, ou des hommages usurpés par une longue hypocrisie. »

Par un raffinement de vengeance, les charrettes s'arrêtèrent devant la maison de la rue Saint-Honoré, où logeait Robespierre ; et, là, un groupe de ces mégères toujours prêtes à insulter les victimes, quelles qu'elles fussent, se mit à danser en rond. Non loin du cortège, — signe de la folie de ces temps, — un homme vociférait sa haine contre le tyran, et cet homme, c'était Carrier, le noyeur de Nantes !...

Le trajet fut long.

« Il était environ sept heures et demie lorsque les traîtres sont arrivés à la place de la Révolution. Couthon a été exécuté le premier. Robespierre jeune ensuite, la tête du tyran

(1) Lescot-Fleuriot.

est tombée l'avant-dernière, et celle de Lescot-Fleuriot, le maire de Paris, la dernière. Elles ont été montrées au peuple, qui a fait retentir l'air des cris longtemps prolongés de : *Vive la Convention! Vive la République!* »

Ce que le *Journal de Perlet* ne dit pas, par crainte sans doute de ramener quelque sympathie sur le « tyran » c'est ce qui se passa pour Robespierre. Quand il fut arrivé sur l'échafaud avec sa tête enveloppée de linge, le bourreau se précipita sur lui et lui enleva brusquement tous ses bandages. L'excès de la douleur arracha au patient un cri, un rugissement plutôt, qui fut entendu sur la place entière. Mais à ce rugissement succédèrent au bout de quelques secondes les acclamations de la foule en délire.

Ce fut Tallien qui se chargea d'aller annoncer à la Convention la fin de l'homme qui l'avait si longtemps dominée pour son malheur et pour celui de la France. Il le fit en ces termes pompeux :

« — Ce jour est un des plus beaux pour la liberté : la tête des conspirateurs vient de tomber sur l'échafaud (*Vifs applaudissements*). La République triomphe et du même coup ébranle les trônes des tyrans du monde... Allons partager l'allégresse commune. Le jour de la mort d'un tyran est une fête à la fraternité. »

Singulière époque où les mots de liberté et de fraternité étaient surtout prononcés les jours où la guillotine avait le plus abondamment dévoré de victimes!

VI

« Cette révolution du Neuf Thermidor, qui semble un des points culminants de l'histoire de la Révolution française ne mérite la grande place qu'elle occupe que par les événements qui en découlèrent, événements qu'aucun des acteurs de ce drame héroï-comique n'avait ni souhaités, ni préparés, ni même prévus.

« Elle n'a pour point de départ ni une pensée politique ni un sentiment d'humanité: elle marque la fin de la Terreur parce que la poussée de l'opinion publique se donna libre cours alors et réclama l'abolition des supplices, mais les Thermidoriens ne valaient pas mieux que ceux qu'ils abattirent.

« Ce fut une simple querelle entre Jacobins qui mit tout

ROBESPIERRE BLESSÉ, AU COMITÉ DE SALUT PUBLIC
(D'après une gravure du Cabinet des Estampes)

en branle, et, si l'édifice bâti par Robespierre tomba, c'est qu'il n'avait aucun fondement.

« Tout fut incohérence, surprise et lâcheté dans ces trois journées. A part deux ou trois hommes, qui montrèrent de l'énergie et de la décision au milieu du désarroi général, tous agirent comme des fantoches inconscients. Le hasard seul amena une solution à cet imbroglio ridicule.

« Il n'y a point lieu de s'en étonner : les grands hommes de la Révolution, les Mirabeau, les Danton avaient disparu ; Robespierre seul restait, mais Robespierre n'était point grand, il ne parut tel un instant que parce qu'il était seul.

« Dépourvu de toute conception politique, admirant Rousseau plus qu'il ne le comprenait, il n'eut d'autre but que d'arriver à la puissance suprême et d'autre moyen que d'abattre ses adversaires : c'est encore à cette besogne que se réduisait le coup qu'il méditait en thermidor. En dehors de cela, il ne se signala que par son invention de l'Etre suprême.

« Il n'a laissé qu'une médiocre figure : c'est qu'il n'eut ni les grands vices ni les grandes qualités des héros de la Révolution, qu'il avait pourtant vaincus.

« Austère, et surnommé l'*Incorruptible*, il ne reçut point comme tant d'autres de l'argent de la Cour ; il n'en prit ni dans les caisses publiques, ni dans la poche de ses concitoyens. Il ne contribua jamais qu'à les dépouiller de la vie. Il avait soif de puissance et non d'argent : qu'en eût-il fait d'ailleurs, n'ayant pas de besoins ?

« Il ne sut pas atténuer l'odieux de son rôle par la grandeur du but à atteindre, et sa cruauté froide ne visa jamais que ses ennemis personnels. Son œuvre ne fut qu'une œuvre de mort : c'est ce qu'exprime une épitaphe fabriquée peu après son supplice :

Passant, qui que tu sois, ne pleure pas mon sort :
Si je vivais, tu serais mort.

(*Les Grandes Journées révolutionnaires*, par PAUL GAULOT.)

APPENDICE

Certains historiens se sont plu à créer une légende au sujet de la mort de Robespierre. Ils ont soutenu que cet homme était mort victime de sa bonté; « il voulait, ont-ils dit, arrêter le cours de la Terreur. C'est pour ses sentiments de clémence et d'humanité que les Thermidoriens ont mis fin à sa dictature. Si la Terreur a fini en même temps que lui, c'est une simple coïncidence fâcheuse pour sa mémoire; on doit l'attribuer à la force de l'opinion publique qui, lasse de tant de supplices, osa enfin parler plus haut que les bourreaux et imposa sa volonté aux plus sanguinaires. »

Cette thèse s'appuie sur le caractère et le passé des principaux Thermidoriens. Des hommes tels que Tallien, le proconsul de Bordeaux, Fouché, l'exterminateur de Lyon, Billaud-Varennes, Collot d'Herbois, Thuriot, Barras, etc., tous fougueux montagnards, et partisans des mesures les plus terribles contre les ennemis vrais ou prétendus de la Révolution, étaient certainement des hommes de sang, et leur but, en faisant Thermidor, n'était point de supprimer la guillotine. Mais Robespierre sur ce point les valait, et la preuve en est dans la loi épouvantable qu'il fit proposer par Couthon à la Convention nationale et voter par cette assemblée le 22 prairial, deux jours après son triomphe de la fête de l'Etre suprême.

« La loi du 22 prairial définissait ainsi le tribunal:

« ART. 4.— *Le tribunal révolutionnaire est institué pour punir les ennemis du peuple.*

« Et elle définissait les ennemis du peuple :

« ART. 5. — *Les ennemis du peuple sont ceux qui cherchent à anéantir la liberté publique, soit par force, soit par ruse.*

« Définition qui, étendue dans l'article 6, enveloppait, avec les accapareurs, tous ceux que l'on pourrait comprendre aujourd'hui dans le délit *d'excitation à la haine et au mépris du gouvernement.*

« Pour la peine, elle était unique :

« ART. 7. — *La peine portée contre tous les délits dont la connaissance appartient au tribunal révolutionnaire est la mort.*

« Quant à la preuve, l'objet de la loi était de la simplifier :

« ART. 8. — *La preuve nécessaire pour condamner les ennemis du peuple est toute espèce de document, soit matérielle, soit morale, soit verbale, soit écrite, qui peut naturellement obtenir l'assentiment de tout esprit juste et raisonnable. La règle des jugements est la conscience des jurés éclairés par l'amour de la patrie ; leur but, le triomphe de la République et la ruine de ses ennemis ; la procédure, les moyens simples que le bon sens indique pour parvenir à la connaissance de la vérité dans les formes que la loi détermine.*

« On supprimait la formalité préalable de l'interrogatoire de l'accusé dans l'instruction (c'était presque toute l'instruction) ; on donnait le droit de supprimer, dans les débats publics, même les témoignages :

« ART. 13. — *S'il existe des preuves, soit matérielles, soit morales, indépendamment de la preuve testimoniale, il ne sera point entendu de témoins, à moins que cette formalité ne paraisse nécessaire, soit pour découvrir des complices, soit pour d'autres considérations d'intérêt public.*

« Pour la défense on rédigeait en article une des phrases à effet du rapport de Couthon.

« ART. 16. — *La loi donne pour défenseurs aux patriotes calomniés des jurés patriotes ; elle n'en accorde point aux conspirateurs.*

« Après cela, on prenait des garanties contre l'indulgence de l'accusateur public et des juges :

« ART. 18 — *Aucun prévenu ne pourra être mis hors de jugement avant que la décision de la Chambre ait été communiquée aux Comités de salut public et de sûreté générale, qui l'examineront...*

« Voilà cette loi, qui, organisant le tribunal révolutionnaire sur de telles bases, en lui prescrivant une semblable règle de conduite, lui fit donner un nom que depuis longtemps d'ailleurs, il s'efforçait de mériter, le nom de *tribunal de sang*. Voilà en réalité la conclusion de la fête célébrée l'avant-veille sous la présidence de Robespierre en l'honneur de l'Etre suprême. On n'aurait pu mieux faire si l'on eût proclamé Moloch comme dieu de la Révolution. »

(*Histoire du Tribunal révolutionnaire de Paris*, par H. Wallon, membre de l'Institut).

La guillotine à Paris

L'échafaud fut d'abord dressé sur la place du Carrousel, puis transporté à partir de l'exécution de Louis XVI, place de la Révolution (place de la Concorde). Il y eut, sur ces deux places, 1.256 exécutions. Le 9 juin 1794, l'échafaud fut transporté sur la place Saint-Antoine (place de la Bastille), où il ne resta que quelques jours, puis, de là, place du Trône-Renversé (place du Trône). En moins de 50 jours, il y eut 1.376 exécutions. Ce fut là l'effet de la loi du 22 prairial.

Le Gérant : Henri GAUTIER.

1713 — Imp. de Vaugirard. G. de M. Dir., 152, r. de Vaugirard. Car. et Vig. Doublet.

Pour paraître la Semaine prochaine

LE COMPLOT
DE
Toulan et du chevalier de Jarjayes

D'APRÈS LES RÉCITS

du baron de GOGUELAT et de LEPITRE

Louis XVI venait d'être guillotiné : la Reine restait prisonnière au Temple avec ses deux enfants et sa belle-sœur. Les passions populaires qui n'avaient point épargné le Roi pouvaient frapper aussi les siens. Émus d'un tel péril couru par des femmes et des enfants, deux hommes de cœur, le municipal Toulan et le chevalier de Jarjayes, s'associèrent et formèrent le plus hardi des complots pour délivrer les prisonniers.

Une série de contre-temps paralysa l'effort de ces nobles cœurs, et la tentative échoua. On sait ce qu'il en advint pour la Reine. Mais les détails de ce complot sont d'un intérêt palpitant, et nos lecteurs les trouveront avec plaisir dans le prochain numéro, racontés d'après *le Précis* du baron de Goguelat et *les Souvenirs* de Jacques-François Lepître, qui joua un rôle dans cette tragique et douloureuse aventure.

EN PRÉPARATION :

N° 51 — **Le Complot de Toulan et du chevalier de Jarjayes**, d'après les récits du baron de Goguelat et de Lepître.

N° 52 — **La Fête de la Fédération (14 juillet 1790)**, d'après une relation contemporaine.

LA PUBLICATION DES

Récits des Grands Jours de l'Histoire

prendra fin avec le numéro 52

1713 — S. An. de l'Imp. de Vaugirard, G. de M., 152, rue de Vaugirard. — Car. et vig. Doublet

www.ingramcontent.com/pod-product-compliance
Ingram Content Group UK Ltd.
Pitfield, Milton Keynes, MK11 3LW, UK
UKHW020518180726
13839UKWH00005B/2173

9 782019 913342